- Poems of De

Translated by Arabela Saavedra Duque
Illustrated by Stefan Caravan
Book Design by Radu Popescu
Romanian Afterword by Dorina Chis-Toia
Final Revised by Arabela Saavedra Duque

Printed in the United States of America

Alina Celia Cumpan

**WASTED GIFT**
**HAR RISIPIT**
- Poems of Destiny / Poemele Destinului -

Translated from the Romanian by
Arabela Saavedra Duque

With a foreword by
Nicu Alifantis

*I dedicate this volume to my son,
Harris Mark, but also to all who left me
with or without hope, built up or eroded my
aspirations, kept me close or cast me out
of their stories, carried me forwards and
backwards along the road to the beginning
or end, so that I could endow with life these
poems of destiny. I thank all the angels who
slipped a couple of smiles or of tears into the
palms of my hands, lifted towards the sky.*

*Dedic acest volum fiului meu, Harris
Mark, dar şi tuturor celor care mi-au dat şi
mi-au luat speranţe, mi-au clădit şi mi-au
dărâmat aşteptări, m-au păstrat în poveştile
lor şi m-au alungat din ele, m-au împins în
faţă şi în spate pe drumurile începuturilor
şi sfârşiturilor, pentru a da viaţă poemelor
destinului. Mulţumesc tuturor îngerilor care au
aşezat zâmbete şi lacrimi în palmele-mi întinse
spre cer.*

*In all that binds me to earth and people,*
*and unbinds me from them, there is God!*
*May His will be done in every moment of my life!*


*În tot ce mă leagă şi mă dezleagă de pământ şi de*
*oameni e Dumnezeu!*
*Facă-se voia Lui în toate clipele vieţii mele!*

# CONTENTS

# FOREWORD

Gift wasted? Not by any means!

I never imagined that a woman could hide so much strength in that fragile figure of hers.

Never could I have imagined that there was someone who would offer answers to life even before life asked her questions.

I had certainly not imagined, in that October of 2009, that the young woman I was meeting in Reşiţa would surprise me so thoroughly later on.

And yet she did, even from such a distance.

That is the reason, I suppose, that women were invented, to surprise us.

Alina Celia Cumpan, for it is this woman that I am writing about, sneaks at nighttime to her refuge – poetry –, strips down to skin and beyond, descends in the depths of her profundity, hooked on thoughts, soul experiences, dreams, anxieties, questions, to meet herself secretly, as in a perpetual adolescent state of mind.

After some time, the time that it takes for a poem, a chapter or a volume to come into existence, she washes her eyes and her hands, and returns, without blinking an eye, into 'The Strong and Untouchable Woman'.

That is because she has to carry through life a gift that, by some wonderful chance, was given to her by the grace divine.

How wonderful that is indeed – the gift to use your name's grace to honor that of God!

Nicu Alifantis
Bucharest
August 9, 2015

# CUVÂNT-ÎNAINTE

Har risipit? Nicidecum!

Nu mi-am imaginat vreodată că o femeie poate ascunde atâta forţă într-o întruchipare atât de fragilă.

Nu mi-am putut imagina, sub nicio formă, că există o fiinţă care să dea răspunsuri vieţii înainte ca viaţa însăşi să-i pună întrebări.

Nu mi-am imaginat o clipă, în acel octombrie al anului 2009, că tânăra pe care o întâlneam la Reşiţa avea să mă surprindă atât de tare.

Şi totuşi o face, chiar şi de la mare depărtare.

Probabil că pentru asta au fost inventate femeile, să ne surprindă.

Alina Celia Cumpan, căci despre ea e vorba, se refugiază nopţile în vers, se dezbracă de ea până la piele şi dincolo de ea, coboară în adâncul adâncului ei, agăţată de gânduri, trăiri, visuri, nelinişti, întrebări, pentru a se reîntâlni pe sine, pe-ascuns, fără s-o vadă cumva cineva, într-o perpetuă stare adolescentină.

După un timp, cam cât durează o poezie, un capitol ori un volum, se spală pe ochi şi pe mâini şi se transformă fără să clipească în Cea-Puternică-şi-de-Neatins.

Şi asta pentru că are de purtat prin viaţă un har, ce – Har Domnului! – i-a fost hărăzit printr-un hazard.

Ce întâmplare fericită, să porţi cu tine prin viaţă un nume plin de alinare şi har!

Nicu Alifantis
Bucureşti,
9 august 2015

# WASTED GIFT
# HAR RISIPIT
- Poems of Destiny / Poemele Destinului -

## THE INJURED

Last night, my angel came
with a bandaged wing.
While coming down, it had hit itself
against the arm of a butterfly.

# RĂNITUL

Îngerul meu a venit aseară
bandajat la o aripă.
Se ciocnise la aterizare
de brațul unui fluture.

## THE TREE

The sky's dragging the comb of light
through the branches of the wise tree
that counts its seasons
on the leaves.

## COPACUL

Cerul piaptănă cu lumina
copacul înţelept
ce-şi numără anotimpurile
pe frunze.

# THE HUNTER'S BIRTH

When my tear enfolded
your shirt in its embrace,
my voice was smiling at the sigh,
caressing its epicenter.
With curtains thrown wide,
your whispers
were kissing my bitterness
from the foot of the mountains
brought down
by the rebelled
knee
of submission.
'Struggle not,'
said the lion
to the animal lost in me.
'The hunter is you!'

# NAŞTEREA VÂNĂTORULUI

Când lacrima-mi
ţi-a îmbrăţişat cămaşa
vocea-mi zâmbea suspinului
mângâindu-i epicentrul.
Fără perdele
şoaptele tale
îmi sărutau amarul
de la poalele munţilor
dărâmaţi
cu genunchiul
răzvrătit
de supunere.
„Nu te agita!",
a spus leul
animalului rătăcit în mine.
„Vânătorul eşti tu!"

## PLANS ON THE SKY

Drag the sky
a bit to the right,…
that's it!
Lower it a bit
towards the ground
from the left corner,…
that's it!
Perfect!
Now that we've covered
the holes
of doubt,
I can write the future
down
in my own style,
without introduction,
straight to the subject,
straight.

## PLANURI PE CER

Mişcă cerul
mai spre dreapta.
Aşa...
Coboară-l puţin
spre pământ
de colţul din stânga.
Aşa...
Perfect!
Acum că am acoperit
găurile
de îndoială
pot scrie
viitorul
în stilul meu
fără introducere,
direct la subiect,
direct.

## THE PICKLES

I take the jars with ox-eye daisies,
I wash them with my smile
so watery,
I pack peace and contentment into them,
and the pickles are ready
for the winter of my life.
I place over the jars lids of spectacular sunsets,
which I seal with pages of diary.

# MURĂTURILE

Spăl borcanele cu margarete,
le şterg cu zâmbetul meu
şters,
pun pacea şi mulţumirea în ele
şi murăturile sunt gata
pentru iarna vieţii mele.
Capacul unui apus mirific
îl sigilez cu o pagină de jurnal.

## WISTFUL HAND

My hand longs to write again
about the time that plays for us
its beats
on the stave of life.

## DOR DE SCRIS

Mâinii mele îi este dor să scrie
despre timpul ce ne cântă
în Timpi
pe portativul vieții.

## SUSPENDED PULSE

The heart in its own emotions
drowned,
and the resuscitation
with hope
yet awaited
has rendered me a person
invisible...
owing to wistfulness.

## PULS ÎN AŞTEPTARE

S-a înecat în propriile-i sentimente
inima,
iar resuscitarea
cu speranţa,
în aşteptare,
m-a transformat în om
invizibil...
de dor.

Alina Celia Cumpan

## THE RED CROSS

Not every cross brings tears to the eyes…
the red one wipes them away.

## CRUCEA ROŞIE

Nu fiecare cruce e plânsă...
cea roşie alungă lacrima.

## THE TWIGGED FRIENDS

At this time of the year,
my friends' attitude has changed.
Ever since they were trimmed,
they've been standing like convicts
before the firing squad.
I love all the trees
in my street
remote from home.

## PRIETENII CU CRENGI

În vremea asta
şi-au schimbat atitudinea prietenii.
De când au fost tunşi
stau asemeni unor deţinuţi
în faţa plutonului de execuţie.
Iubesc toţi copacii
de pe strada mea
îndepărtată de casă.

## ACTIVITY

My wings won't grow in this smokiness,
and the skies won't open up for me
in this environment shrouded in (alcohol) mist.
I am the angel captive
in the late-night café,
running from table to table,
feathers hidden beneath uniform,
for the bread
uneaten
before sleep,
at which the winged ones peck
when Sandman takes me away from this world.

## ACTIVITATE

În mediul ăsta aripile nu-mi pot creşte de fum,
şi nici cerurile nu mi se deschid
de ceaţa aburilor (de alcool).
Sunt îngerul prizonier
în cafeneaua de noapte
în care alerg
cu penele sub uniformă
pentru pâinea
nemâncată
înainte de somn,
din care înaripaţii ciugulesc
când Ene mă fură din lume.

## ASYMMETRY

When I caress you,
I tuck your wrinkles
behind your ears,
to understand you
when you're silent and
to become lost to me your age.

## ASIMETRIE

Când te mângâi
îţi dau ridurile
după ureche
pentru a te înţelege
când taci
şi a-ţi pierde vârsta.

## CHILDREN'S RIGHTS

On occasion, angels
pick quarrels,
advocating for us
before the Father.

## DREPTURILE COPIILOR

Uneori îngerii se ceartă
pentru noi
luându-ne apărarea
în faţa Tatălui.

## METEOROLOGY

Rains
are my favorite earrings
dangling liberty.
Wind
sends memories flying
over walls with a past.
Sun
sells Vitamin D
on the black market.
Snow
thaws children's joy
teaching them about the noncolor.
Fog
maddens, as does a cunning woman,
the drivers.
Rainbow
fell madly in love
with the people that have
a good eye for detail.
I am listening to Ravel
without
meteorological state.

## METEOROLOGIE

Ploile
sunt cerceii mei preferați
ce flutură libertatea.
Vântul
suflă amintirile
peste zidurile cu trecut.
Soarele
vinde pe piața neagră
vitamina D.
Zăpada
dezgheață bucuria copiilor
predându-le non-culoarea.
Ceața
înnebuneşte ca femeia vicleană
şoferii.
Curcubeul
s-a îndrăgostit nebuneşte
de oamenii
atenți la detalii.
Ascult Ravel
fără stare
meteorologică.

## IN AWAIT

In await of you,
I promised myself
to give value to every image
stuck to the eye
and to every eye
deprived of senses
in await.

## ÎN AŞTEPTARE

În aşteptarea ta
mi-am promis
să dau valoare fiecărei imagini
lipite de ochi
şi fiecărui ochi
lipsit de sensuri
în aşteptare.

## SPEAKING COLORS

I feel pink
I have no other happiness of feeling,
and when days flow down
like water in the toilet,
I feel for ever green.

## CULORI VORBITOARE

Mă simt roz
n-am altă fericire de stare
iar când zilele se scurg
precum apa în toaletă
mă simt veşnic verde.

## THE TIME FOR BREAD

I covered all the clocks
and commenced
to undress of time
in the darkness.
I threw away the years'
robe,
I displayed my seconds to everyone
whom I owed a debt of gratitude.
I offered months' blouse
to work, love and friendship.
I made tales with the day,
I covered my sleeping child with the night.
I stored yesterday in the fridge,
I handed tomorrow to God,
while today, I keep it on a leash,
so it won't get in the street,
hit by the
time machine.
After so many thoughts
of some lips
bare of time,
but devoted to prayers
bare of age,
today I'm awaiting
our daily bread.

## VREMEA PENTRU PÂINE

Am acoperit toate ceasurile
şi am început să mă dezbrac
pe întuneric
de timp.
Am aruncat haina
anilor,
pe secundă am pus mulţumire
tuturor,
am dat bluza lunilor
muncii, iubirii şi prieteniei.
Cu ziua am făcut poveştile,
cu noaptea am acoperit copilul ce-mi visa.
Pe ieri l-am pus în frigider,
pe mâine l-am lăsat Domnului,
şi pe azi îl port în lesă
ca să n-ajungă pe străzi
călcat de maşina
timpului.
După atâtea gânduri
ale unor buze
fără timp,
dar fidele rugăciunii
fără vârstă,
azi aştept
pâinea noastră cea de toate zilele.

## THOUGHTS' GUARD

I won't upbraid you
for what you failed to give
when time was not our friend.
I won't upbraid you
for what you failed to take
and you took in the time of two
sorrowful at our non-reconciliation.
I won't look for you through taxis'
lost and founds,
nor at the airports'
arrival/departure gates.
I won't leave you to oblivion and
numbness, or to our madness,
but I will give
life
to all that has yet to be lived,
and claim you for the guard
of my thoughts
of immortality.

# PAZNICUL GÂNDURILOR

N-am să te cert
pentru ce nu ai dăruit atunci
când timpul nu ne-a fost prieten.
N-am să te cert
pentru ce nu ai luat
şi ai luat în vremea de doi
tristă de neîmpăcarea noastră.
N-am să te caut printre lost&found-urile
taxiurilor
şi nici pe la porţile de sosire şi plecări
ale avioanelor.
N-am să te las în uitare şi în amorţire
şi nici în nebunia noastră,
dar am să îţi dau
viaţă
la tot ce nu a fost trăit,
am să te scutur de simţiri şi de iubiri
şi te voi cere paznic
al gândurilor mele
de nemurire.

## EARTH OF DREAMS

The sky is a bare projection of our dreams, and
the earth the personal interpretation we put on them.

## PĂMÂNTUL VISURILOR

Cerul e doar o proiecţie a visurilor noastre
iar pământul o interpretare personală a lor.

## THE FIRST LETTER

A… I can be everything, from me
commences the world, all the way to Z,
I can be the admiration and the contentment,
the displeasure and the indignation,
or just your sudden recollection.
Anyhow, I am the first one
after all the printing
errors
and in the alphabet of your plans.

# PRIMA LITERĂ

A... pot fi totul
de la mine începe lumea până la Z.
Pot fi admiraţia şi satisfacţia,
supărarea şi indignarea
sau doar reamintirea bruscă a ta.
Oricum, sunt prima
după toate greşelile
de tipar
şi în alfabetul planurilor tale.

Alina Celia Cumpan

# BELLS AND ANGELS

On my birthday,
the bells ring in rhyme
for the sake of the hairless and winged
angels that guard me,
for the surprise of the opened locks
and the gloom of the forgotten verses.
On your birthdays, I pray there will be water running
from the spring for us to drink
while the angels chime the bells
towards the skies.

## CLOPOTE ŞI ÎNGERI

De ziua mea,
bat clopotele în rime
de dragul îngerilor spâni şi înaripaţi
ce mă păzesc,
pentru surpriza lacătelor descuiate
şi mâhnirea versetelor uitate.
De ziua voastră, mă rog să curgă apă la izvor
şi să bem
cât îngerii trag clopotele
spre ceruri.

## PATH TOWARDS EMBRACE

Sometime, we'll stroll about arm in arm,
me facing backward,
you facing forward.
Seeking a path
between the sky and the earth,
we'll caress the stars' elbows,
the angels' ankles,
the ants' knees,
the trees' temples,
the men's hearts.
Together or separated
we'll reinvent ourselves
in the morning of somebody's arms.

## DRUM SPRE ÎMBRĂŢIŞARE

Cândva ne vom plimba la braţ
eu cu spatele,
tu cu faţa.
Căutând o potecă
între cer şi pământ,
vom răsfăţa coatele stelelor
gleznele îngerilor
genunchii furnicilor
tâmplele copacilor
inimile oamenilor.
Împreună sau separaţi
ne vom reinventa
în dimineaţa braţelor cuiva.

## FREED THOUGHT

Let's train our thought,
and with the butterflies in our stomach
do stunts
in our last days of imprisonment.
Why are you so astonished,
giving me
this look
of tie game?
It's better to saw the bars
that we don't see.

## GÂND ELIBERAT

Hai să ne dresăm gândul
iar acrobație să facem cu fluturii
din stomac
în ultimele zile ale închisorii noastre.
De ce te miri
și mă privești
cu figura asta
de meci nul?
E mai bine să tăiem gratiile
ce nu le vedem.

## WOMB'S PROPERTY

I am the last element
of a Russian nesting doll,
the bouquet of algae
which got lost on the shore
and is waiting for its wave,
the sober register of the arms
crossed,
the tragic smile,
and the odd boxing glove. I'm
whatever, whoever, however, but not whomever's...
of my mother's womb, and it holds
the sole guaranteed title of property over me.

## PÂNTEC PROPRIETAR

Sunt ultimul element
de păpuşă rusească,
buchetul de alge
rătăcit pe mal
ce-şi aşteaptă valul,
registrul grav al braţelor
închise,
zâmbetul tragic
şi mănuşa desperecheată de box.
Sunt orice, oricine, oricum, dar nu a oricui...
doar a pântecelor mamei
cu titlul de proprietate garantat.

# GRANDMA

Grandma,
I haven't forgotten your words of advice
from the times when you had voice,
the first confession
to which you took me by hand,
nor the blue with perfect eyelashes
that would look at me lovingly.
I still know your wrinkles,
the scars from all the dogs
that had bitten into you,
the smiles stained by the years,
the veins with hands,
the calluses on the soles of the feet
I would wash
when they would not be running after me.
From beneath the chestnut tree,
where I've sat with the shadow,
I keep a seat for you
to come with grandpa.
I haven't forgotten your hair,
which I would plait with sunlight,
the happiness
with which you would announce
the arrival of the white storks in the village,
nor their deserted chimney – from the neighbor's house –
which you would contemplate in autumn.
I'd like to hear your voice calling me for stone baked bread
like your soul,
for polenta balls stuffed with sausages,
or maybe just some boiled kernels of corn.
I would like to be at least
the piece of wood you would carry close to your chest
to the wood cook stove.
Grandma, don't you hear me crying?
And not because the storks have left…

# MUMA

Mumă,
n-am uitat povețele
din vremea-n care tu aveai glas,
prima spovedanie
la care m-ai dus de mână,
nici albastrul cu gene perfecte
ce mă sorbea de drag.
Știu încă ridurile tale,
cicatricile tuturor câinilor
ce-au gustat din tine,
zâmbetele pătate de ani,
venele cu mâini,
bătăturile-ți din tălpile
ce le spălam
când nu mă fugăreau.
De sub castan,
unde m-am așezat cu umbra,
îți țin și ție loc
să vii cu taica.
N-am uitat părul ce ți-l împleteam
cu soare
sau fericirea
cu care anunțai berzele în sat,
nici coșul lor pustiu – de pe casa vecinei –
pe care îl contemplai toamna.
Mi-aș dori să mă chemi la pâine în țest
ca sufletul tău,
boboloși cu cârnați
sau poate doar boabe fierte.
Aș vrea să fiu măcar
un lemn ținut la pieptul tău
în drumul spre sobă.
Mumă, nu mă auzi cum plâng?!
Și nu că berzele-au plecat...

## MY AUTUMN

We are in the time of the year
when saints blow over our heads three times,
like for the ones bewitched by an evil eye,
and when leaves take to streets in mass strike.
Sirens are wailing!
A missing God is being sought
by the soul who lost
the vote to depression.
It has been decided… autumn is to start!
Inside and outside myself.

## TOAMNA MEA

Suntem în vremea-n care
sfinţii suflă peste capul nostru
de trei ori, ca pentru deocheaţi
iar frunzele fac grevă pe stradă.
Se aud sirenele!
Un Dumnezeu e dat în urmărire generală
de sufletul pierdut
la votul depresiv.
S-a decis... e toamnă!
În mine şi-n afară de mine.

## CHAMPION'S LEAF

Look!
Rains have started this autumn's
session of the cross-country.
The swiftest got
the ticket for a play
in red-brown acts
with the two faces…
of the leaf.

## FRUNZA CAMPION

Priveşte!
Au început ploile crosul
din sesiunea de toamnă.
Cea mai sprintenă a câştigat
biletul unei piese de teatru
în acte arămii
cu cele două feţe...
ale frunzei.

## SENTENCE

I, the undersigned,
with no name or number,
declare that: Yesterday,
I was brutalized and abused
on the street whose name was changed
by the third member
of the seasons' clan.
I ask to be granted
the multicolored bail
for the charge of
complicity to depression.

# SENTINŢĂ

Subsemnata,
fără nume, fără număr,
declar că-n data de ieri
am fost bruscată şi agresată
pe strada cu nume schimbat
de al treilea membru
din clanul anotimpurilor.
Vreau cercetarea în stare de libertate
multicoloră.
Cap de acuzare:
complicitate la depresie.

## STATES

I can't grab hold
of my states of mind and soul –
if I'm oriented toward outside,
the angel comes and turns me… inside out.
When I'm reversed,
I pray!
So, on I go
knitting the "spring/spring" collection
of my life…
with one on the outside, and two on the inside
(prayers stolen from the angel),
quietly.

## STĂRI

Nu am stare.
Nu pot avea nici stări –
când sunt pe faţă
îngerul vine de mă întoarce... pe dos.
Când sunt întoarsă,
mă rog!
Aşa îmi tricotez colecţia
de primăvară/primăvară
a vieţii mele...
cu una pe faţă şi două prin dos
(rugăciuni furate de la înger)
în linişte.

Alina Celia Cumpan

# INNOCENCE

Let's better speak to one another
with silent words,
at the intersection of the handkerchiefs
full of tears,
than with countless words
that humankind has yet to understand
in thousands of years;
kiss me on the brow then,
and make me a child again.

64

## INOCENȚĂ

Hai să ne mai spunem două vorbe
în tăcere
la intersecția șervețelelor
pline de lacrimi
decât mii de cuvinte
pe care omenirea nu le-a înțeles
în două mii de ani;
apoi sărută-mă pe frunte
și fă-mă iar copil.

## MEN OF MEMORIES

When the sky
shall come into existence inside a cave,
when time shall perish
in the coat-pocket of the old man,
when good shall be gently covered by the bad,
the books in the library shall sit at a cup of tea
left page crossed over right,
reminiscing about men
and their stories.
Men change,
into baked apples and wistfulness,
and us,
here,
at the margin of the untold desires,
we shall perhaps come together on a cube
built up of memories
to read
our soul's palm
or our soles of sun,
while pining for the angels
who went
away from us
because of too little love.
Memories are all we are.
Men of memories
with memories of men.

## OAMENI DE AMINTIRI

Atunci când cerul
se va naște într-o peșteră,
când timpul va muri
în buzunarul de la vestonul bătrânului,
când binele va fi învelit cu grijă de rău
cărțile din bibliotecă vor sta la un ceai
pagină peste picior și picior peste pagină
povestind despre oameni
cu ale lor povești.
Oamenii se schimbă,
în mere coapte și dor,
iar noi,
aici,
la marginea dorințelor nespuse
ne-om întâlni cu toții pe un cub
zidit din amintiri
să ne ghicim
în palma sufletului
sau în tălpile de soare
de dorul îngerilor
ce-au evadat
de lângă noi
din prea puțină iubire.
Suntem doar amintiri.
Oameni de amintiri
cu amintiri despre oameni.

## NAILS OF STARS

I pray
with crosses,
and knock myself against the stars.
I break out in sweat over thoughts,
and return to the corner
seeking my hypothetical place
of the iron nails.

## PIROANE DE STELE

Mă rog
în cruci
şi mă lovesc de stele.
Transpir de gânduri
şi mă întorc la colţ
căutându-mi ipoteticul loc
al piroanelor.

# DETAIL

I trod my lawn
of pride
and perhaps I would have forgiven you
had I not been wearing
your shoes
lacking heel caps.

## DETALIU

Mi-am călcat gazonul
de orgoliu
şi poate te iertam
dacă n-aş fi fost încălţată
cu pantofii tăi
fără flecuri.

## OMENS

I stepped out onto the wire of fixed stars
heading towards the world's exit.
Thousands of icons and crosses
away,
the cat
scratches my
numbed dreams out,
changes the signpost
with a word from home,
and turns me towards the glass of milk
on the bottom of which I see my mom.

## SEMNE

Am plecat pe sârma de stele fixe
spre ieşirea din lume.
La mii de icoane şi cruci
depărtare,
pisicul
mă zgârie
de visurile degerate,
schimbă semnul de circulaţie
cu o veste de acasă
şi mă întoarce spre paharul cu lapte
pe fundul căruia o văd pe mama.

## OUR NIGHT

In the hurry-scurry of the vacuum,
thoughts inflame
when the architect of the earth
prepares upstairs the beds for sleeping.
The Son will hold in His nail-scarred arms
us too for a night.

## NOAPTEA NOASTRĂ

În degringolada vidului
se inflamează gândurile
când arhitectul pământului
pregăteşte la etaj paturile.
Fiul ne va ţine în braţele-i împunse
o noapte şi pe noi.

## NOSTALGIC YOU

If you met yourself
at an end of stave
impaired
by C Major,
I bet
you'd like to hug yourself tight
from concern for the amnesic symphony
under which you were born.

## DOR DE TINE

Dacă te-ai întâlni
la un capăt de portativ
gripat
de DO major
pun pariu
că ți-ar plăcea să te strângi în brațe
din grija simfoniei amnezice
sub care te-ai născut.

## TO REENCOUNTER

I sprinkled
the memory of you
with nails of darkness
resembling varicose veins
in words squared,
with sighed and depressive assents.
You besieged
all my thoughts.
I surrender
at your back,
reencounter.

## PENTRU REGĂSIRE

Am gratinat
amintirea ta
cu piroane de întuneric
sub aspect de varice
în cuvinte la pătrat,
cu aprobări oftate și depresive.
Mi-ai asediat
toate gândurile.
Mă predau
în spatele tău
regăsire.

## DIARY OF DREAMS

I am a diary of leaves.
Written down in me you find
your dramas,
the roads,
others' loves
my dead tired
nights.
If I catch fire I'll
leave ashes beneath my passing steps
and other world.
I am the tree of wax
besieged by people,
shaken with thoughts.
I have dreams of paper,
on a lot of paper,
that can't be others
even if recycled.
I am
a dream player.

## AGENDA DE VISURI

Sunt agendă de frunze.
În mine sunt scrise
dramele voastre,
drumurile,
iubirile altora,
nopţile mele
moarte de oboseală.
Dacă mă aprind
voi lăsa scrum sub paşii mei
şi altă lume.
Sunt copacul de ceară
asediat de lume,
scuturat de gânduri.
Am visuri de hârtie,
pe multă hârtie,
ce nu pot fi altele
nici reciclate.
Sunt un jucător
de visuri.

# EQUALITY

Sometime we'll be equal,
for today we are all future shadows
of crosses
that others will carry on their backs.

## EGALITATE

Cândva vom fi egali
pentru că azi suntem cu toții viitoare umbre
ale unor cruci
pe care alții le vor duce în spate.

## FOR THE WHOLE

Dig two holes for me when I die.
One for what will become of me,
and one for what I failed to become.

## PENTRU TOT

Mie să-mi săpați două gropi
una pentru ceea ce voi fi
și alta pentru ceea ce n-am reușit să fiu.

Alina Celia Cumpan

## SCENERY LAUGHS

I can't play comedy!
When I fool around,
the bamboo floor, swollen up,
breaks into laughter.

## RÂDE DECORUL

Nu pot să joc comedie!
Când mă prostesc
podeaua de bambus umflată
se sparge de râs.

## RATTLE OF MONEY

What struggle
in everyone's life
for a bit of money!
Not even Judas was as stressed
as us about the reward!

## ZGOMOTUL BANILOR

Câtă zarvă
în vieţile tuturor
pentru nişte bani!
Nici Iuda nu s-a stresat ca noi
pentru răsplată!

## METAMORPHOSIS

The distancing from you is calling me,
tormenting me so, I'm on
the brink of doing like a vacuum cleaner running.

## METAMORFOZĂ

Depărtarea de tine mă cheamă
chinuindu-mă,
de-mi vine să fac ca un aspirator în funcţiune.

## REFUGE

I bow beneath all the fallen walls
in the hopes that I will find in you
an umbrella for the tempest.

## REFUGIU

Mă închin sub toate zidurile căzute
sperând că voi găsi o umbrelă în tine
pentru furtună.

## UNLIKE

Play your violin for me
unlike how you play it for people,
so I can love you
differently from them.

## ALTCEVA

Cântă-mi la vioară
altceva decât oamenilor,
pentru a te iubi
diferit de ei.

## HOPE

God's got to exist
in the 3rd millennium also,
for the prayer of my angel.

## SPERANȚĂ

Trebuie să fie Dumnezeu
și-n mileniul III
pentru rugăciunea îngerului meu.

## SUNDAY

Come, friends,
let's eat together.
On Sunday, breads are broken off
for us!

## DUMINICĂ

Prieteni,
haideţi să mâncăm împreună.
Duminică se frâng pâinile
pentru noi!

## CONFUSION

What a world…
What a life…
I've once again fallen for some trick,
as if vulnerability were my real name!
The mirror answered unasked:
'Actually, it's always been Eve
under that cover name your ID shows.'

## DEBUSOLARE

Ce lume...
Ce viaţă...
Iar am luat o ţeapă
de n-am ştiut cum mă cheamă!
Oglinda a răspuns neîntrebată:
„Te cheamă tot Eva
sub pseudonimul din buletin."

## TIME TRICKED BY FOX

I turned the clock around so it faced the wall
in the hopes that it would start running backwards,
and I would have the space to make a dash
for the harmony lost
when I opened my palms in the maternity ward.

## TIMPUL PĂCĂLIT DE VULPE

Am întors ceasul la perete.
Poate timpul va curge invers
iar eu voi avea vreme să dau o fugă
spre armonia pierdută
când am deschis palmele în sala de naşteri.

Alina Celia Cumpan

## NECESSARY FORGIVENESS

Forgive me
my formless sins,
and don't teleport me from here
without my angel.
In case we one day get to
stealing happiness,
we'll save one another's feet by
taking each other in our arms or on our backs.

# NECESITATEA IERTĂRII

Iartă-mi păcatele
fără formă
şi nu mă teleporta de aici
fără îngerul meu.
De vom ajunge la furat
de fericire
ne vom salva unul altuia picioarele
luându-ne în braţe sau în spate.

Alina Celia Cumpan

## AGAIN

Someone must have lit
a candle end for me,
for I started praying again,
and in the dust of my life
heart and repentance
have started to sprout
pains and tears.

## DIN NOU

Trebuie să fi dat cineva foc
pentru mine
la un capăt de lumânare
pentru că am început să mă rog din nou
iar în țărâna vieții mele
răsar durerile și lacrimile
din neamul inimii și al pocăinței.

## SHADOW'S FACE

You know your shadow?
I, for one, forgot its face,
and I'm pretty sure
the time has long passed since
sun was in my eyes.

## FAȚA UMBREI

Îți cunoşti umbra?
Eu i-am uitat chipul
şi tare cred
că n-a mai fost soare de mult
în ochii mei.

# EUREKA

Eureka!
I've deciphered the code…
of morality.
Something tells me I will die
on the scaffold of the word
that is building the forgiveness.

## EVRIKA

Evrika!
Am descifrat codul...
moral.
Ceva îmi spune c-am să mor
pe schela cuvântului
ce construieşte iertarea.

## REASON

The dice were not cast
when I was born.
My mom was too tired,
my dad was treating people to drinks.
Understandably, I'm no connoisseur of backgammon.

## EXPLICAŢIE

Zarurile nu au fost aruncate
când m-am născut.
Mama era prea obosită
şi tata făcea cinste.
Explicabil de ce nu ştiu table.

## DESOLATION

There's so much emptiness inside me,
I feel like a deserted home
with spiders
as friends to share
the gape-mouthing,
the wondering,
the questioning with.
When I pray,
the cobwebs remain empty.
My friends come to kneel down
on my knees.

## SINGURĂTATE

E atât de gol în mine
ca într-o casă pustie
în care păianjenii
îmi sunt prieteni
de căscat,
mirat
şi întrebat.
Când mă rog,
pânza e goală.
Prietenii stau în genunchi
pe genunchii mei.

# PORTRAIT OF LIFE

Aging
is strolling
along the sun's edge towards the afterglow
looking for its parishioners.
Childhood is impatiently rolling the baby carriage
pushing time
towards the search for suggestions.
A young season is taking shape
while the rabbis are preparing their Sabbath day.
Let's consume the morning drops of today and tomorrow
on the cherry blossoms
like in a film
with vida loca.

## TABLOUL VIEȚII

Bătrânețea
se plimbă
pe marginea soarelui spre apus
căutându-și enoriașii.
Copilăria navighează fără răbdare căruciorul
împingând timpul
spre căutarea sugestiilor.
Un alt anotimp tânăr prinde contur
în timp ce rabinii își pregătesc Sabatul.
Hai să consumăm stropii dimineților de azi și mâine
pe florile de cireș
ca într-un film
cu vida loca.

## MY STEPS

On highways and roads of cinders, my steps
have learnt the walking beside me.
Some have trampled my spherical colors,
others have withered me with wistfulness,
and the last ones,
well, they've left to seek me out,
after I've too consistently asked them,
'Where is my place?'.

## PAŞII MEI

Paşii-mi au învăţat pe autostrăzi şi drumuri de cenuşă
mersul alături de mine.
Unii mi-au călcat culorile sferice,
ceilalţi m-au stafidit de dor,
iar ultimii au plecat
să mă caute
după ce prea des i-am întrebat:
,,Unde mi-e locul?".

## FROM THE PAST

I locked away
all worries
in the multicolored problems chest,
and refused them bail,
so I can settle my account
with the God of my past.

## DIN TRECUT

Am închis
fără cauţiune
grijile
în cufărul problemelor multicolore
pentru a-mi încheia socotelile
cu Dumnezeul trecutului meu.

## PLASTIC BAG FREEDOM

I want to be
the sole pair of torn socks in the drawer,
so I get to stay in a big plastic bag,
free and
left alone.
There's the proper place
to compose and resign oneself
after mounds of dirt and dust.
Within my plastic bag,
I want to smell the scent of freedom.

## LIBERTATEA DIN PUNGĂ

Vreau să fiu singura
pereche de şosete rupte din dulap,
să pot sta într-o pungă mare,
să fiu liberă
şi lăsată în pace.
Acolo-i locul potrivit
pentru reculegere şi resemnare
după noroaie şi praf.
În punga mea,
vreau să simt miros de libertate.

# EVERYTHING ELSE

We forget about rules when
we pull from the time wound round the distaff
our resigned acceptance, and stretch it out
towards the stars hung up in the ceiling.
We then pull ourselves free from the pins,
give up the skyscraper apartments,
the morning press,
and the crystal toys
for nothing else than
a tale.

## TOTUL PENTRU TOT

Uităm de reguli
când întindem resemnarea
de pe fuiorul timpului
spre astrele atârnate de tavan.
Ne desprindem de ținte,
renunțăm la apartamentele din zgârie-nori,
la presa de dimineață
și jucăriile de cristal
pentru o poveste
și atât.

# YOU

You fill a void inside me,
at the same time that you create another,
colored by shades.
A stifling moment,
where a thought strangles another thought,
while a third one
puffs at
the peace pipe.

## TU

Tu îmi umpli un gol
creând un altul
colorat de umbre.
Apăsător moment
în care un gând strangulează un altul
în timp ce al treilea
fumează
pipa păcii.

## RULE

No more will we be able
to look beyond those we know one day,
and no more will we be able
to remember those we met.

# REGULĂ

Într-o zi nu vom mai putea privi
dincolo de oamenii pe care îi cunoaştem,
iar cei pe care i-am întâlnit
îi vom uita.

## NEW RELATIONSHIPS

Yesterday, I ordered myself on the Internet
a relationship
in which each poses as normal,
so we'll look good in the debut photo.
No love story, just a tranquil environment,
provided by two monitors
without any expectations.

## RELAȚII NOI

Ieri mi-am comandat online
o relație
în care amândoi pozăm a normali
iar în fotografia de debut vom da bine.
Nu-i love story dar e liniște
în spatele a două monitoare
fără așteptări.

# COMPLAINT

Two horizons hit me in the eyes so bad,
I saw the twilight in the middle of the day.
My God, it's so harsh to dream with eyes wide open!

## PLÂNGERE

M-au izbit două orizonturi peste ochi
de vedeam crepusculul în plină zi.
Rău e, Doamne, să visezi cu ochii deschişi!

Alina Celia Cumpan

## ALL GROWS

Ruin everywhere…
Since you left,
my hair, brows, nails have grown,
only wistfulness has remained just wistfulness.

## TOTUL CREŞTE

Of... ce dezastru!
De când ai plecat
mi-au crescut sprâncenele, unghiile, părul,
doar dorul a rămas doar dor.

## THE IRONY OF COURAGE

Courage is best for
preserving us from
"perils" that may threaten to change our lives
into tales
we wouldn't know how to live.

## IRONIA CURAJULUI

Cea mai bună parte a curajului
este să putem fugi
de „pericolele" care ne-ar putea transforma viaţa
într-un basm
pe care nu ştim să-l trăim.

Alina Celia Cumpan

**REVERSE FOR US**

Were yesterday to follow today,
and today to follow tomorrow,
time would perhaps fling open its gates
to let us take greater delight in ourselves..

## REVERS PENTRU NOI

Dacă după astăzi ar fi ieri
și după mâine ar fi azi
poate timpul ne-ar deschide porțile
să ne bucurăm mai mult de noi.

## MOMENTS AND CRY

What a strange thing it is
that there can arise in life moments that cry over you
(before you get to cry over them)
in the name of that which gives meaning to life…
the emotion of the sleeping images.

# CLIPE ŞI PLÂNS

E atât de ciudat
că se ivesc în viaţă şi clipe ce te plâng
(înainte de a le plânge tu)
în numele a ceea ce ne dă sens vieţii...
emoţia imaginilor adormite.

## INSIDE ME

Inside me cry the stairs
descended by my dear ones,
and the wistful longing
to turn the door handle
of my parents' home.
Inside me cry the ghosts
with amber eyes
and the dolls
lacked
as a child.
Inside me cry the butterflies
to be entombed tomorrow,
the wheels on which
we move the alphabet forward
into immortality.
Inside me cry the trash cans
with diamonds in them,
the punctuation marks
that have yet to be invented,
and the words that have yet
to be introduced to felt emotions.
Inside me cry the buttons
not pressed
of the Universal intercom,
the signaling
not understood of the angels,
and the fences which desires
jumped over.
Inside me cry the cracks of my parched
home soil,
and myself.

# ÎN MINE

În mine plâng treptele
coborâte de ai mei
şi dorul
de clanţa uşii
părinteşti.
În mine plâng stafiile
cu ochi de chihlimbar
şi păpuşile
lipsă
din copilărie.
În mine plâng fluturii
îngropaţi mâine,
roţile
pe care împingem alfabetul
în nemurire.
În mine plâng coşurile de gunoi
cu diamante,
semnele de punctuaţie
neinventate
şi cuvintele
necunoscute stărilor simţite.
În mine plâng butoanele
neatinse
ale interfonului Universal,
semnalizările
neînţelese ale îngerilor
şi gardurile
sărite de dorinţe.
În mine plâng crăpăturile pământului
de acasă
şi eu.

Alina Celia Cumpan

## TRY

I take another hunk of frozen tenderness
out of my cooled heart,
and chop it quietly,
this year, for you.

## ÎNCERCARE

Mai scot o pungă de tandreţe congelată
din sufletul răcit
şi-o toc în linişte
anul acesta pentru tine.

## TRUTH

I don't write!
I put myself on paper
while people let me slip from their memory.

## ADEVĂR

Eu nu scriu!
Eu mă scriu
în timp ce oamenii mă uită.

# SELF-PORTRAIT

I search…
I search for myself everywhere –
in the theatre auditorium,
behind the backdrop,
on the stage,
behind my steps,
in the day that passed,
but all I find are filled up organizers,
catacombs where emotions lie, some dead, some alive,
a mass grave of cigarettes,
files with memories and a legacy of cavities.
I search for myself
in suitcases packed and unpacked,
only to find 30 kilos of more memories
allowed in the cargo hold
by strangers.
Then I suddenly stop.
I eventually comprehend…
I'm alone here!
I'm the last one
of my sensitive people,
and there's no way I can save the flock…
I got myself lost from it!
I lack a white cloth,
for I would surrender myself.
My nation's flag is my holy treasure,
my Bible and my icon!
I've reached the limit with all,
but not with myself;
I can stand this no longer,
yet I want more.
With my hands clasped,
I beg for mildness from my fate,
from my new land and sky!

## AUTOPORTRET

Mă caut...
Mă caut mereu
în sala de teatru,
în culise,
pe scenă,
în urmă,
în ieri,
dar nu văd decât agende pline,
câteva catacombe afective vii şi moarte,
un cimitir comun de ţigări,
fişiere de amintiri şi o moştenire de carii.
Mă caut
în bagaje făcute şi desfăcute
dau peste 30 de kilograme de alte amintiri
acceptate de necunoscuţi
la cală,
apoi mă opresc,
am înţeles...
Sunt singură aici!
Ultima
din neamul meu sensibil
şi n-am cum scăpa turma...
M-am pierdut de ea!
Nici pânză albă n-am
că m-aş preda.
Steagul ţării e comoara mea,
Biblia şi icoana!
Sunt la limită cu toate
nu şi cu mine;
nu mai pot
dar mai vreau...
Cu mâinile împreunate
cer blândeţe sorţii,
pământului şi cerului nou!

## DIAGNOSIS

I paced up and down the hallways
smelling of antiseptic, fear and death,
of fear of death,
of aseptic death,
I irradiated my body from my right foot's toe nail
(painted red)
to the roots of my hair
(untouched by dye).
I did everything – only to find myself
turning into stone
too soon,
And I swallowed pills,
with lots of water,
and I stopped moaning
while the IV was dripping into my right arm
or my left one –
what matter did it really make,
it was just one of my two visible arms.
Nothing was causing me harm…
as much as I alone was causing to myself
by consciously inflicting
hemorrhage to my soul
through the gift wasted.

# DIAGNOSTIC

M-am plimbat pe coridoare
cu miros de spirt, frică şi moarte,
de frică de moarte,
de moarte spirtoasă,
m-am iradiat din vârful unghiei de la piciorul drept
(cu ojă roşie)
până la rădăcina firului de păr
(nepătat de vopsea).
Le-am făcut pe toate pentru a afla
că mă transform în piatră
înainte de vreme
şi-am luat pastile
şi-am băut apă
şi-am încetat a mă plânge
cu perfuzia în mâna dreaptă
sau poate stângă
ce importanţă mai avea
era doar una din cele două mâini vizibile ale mele.
Nimic nu-mi făcea rău...
Mai rău decât îmi făceam eu
provocându-mi conştient
hemoragie sufletului

## OUR CLOSING HOURS

My friend, I would cast you
into abandonment, but nobody can
retrieve you from the brink of
the continent inside me.
I barred you away,
with streams of tears,
in the museum of remembrances
dumped as offal;
away from the streets of Paris
I strolled carrying you
in my eyes.
Close to the clock's hands
from which you learned nothing
when you let me leave.
It's late…
I pulled the shades down for you and me,
after I told you one last time
it was the last time…
at the middle of 24 hours undivided by two.

## FINALUL ORELOR NOASTRE

Prietene, te-aş abandona
dar nimeni nu te poate recupera
de la marginea continentului
din mine.
Ţi-am făcut cuşcă
din lacrimi
în muzeul deşeurilor
cu amintiri,
departe de străzile Parisului
pe care te-am plimbat
în ochi,
aproape de limba ceasului
de la care n-ai învăţat nimic
când m-ai lăsat să plec.
E târziu...
Am tras draperiile pentru noi
după ce ţi-am spus ultima dată
că-i ultima dată...
la mijlocul a 24 de ore ne-mpărţite la doi.

153

# ANTICIPATION

The days will come,
when we shall forget
the days of our time,
the feel of
gazes,
hands,
scars,
the pirouettes on four wheels,
the thoughts enceinte with plans,
the plans aborted by time...
The days will come,
when we shall find ourselves
humming the oblivion's music
displayed on the stave of our brain,
when we shall cry
over our biscuits
tasting
the champagne of others.
The days will come,
when we shall look
in the mirror of the sky
I from here,
you from there,
when I shall be the alpha of your end,
and you the omega of my beginning,
when we shall be two...
hearts separated
only because time
runs between them.

## ANTICIPARE

Vor veni zile
în care vom uita
zilele noastre
atingerea
privirilor
mâinilor
cicatricilor
şi piruetele pe patru roţi,
gândurile gravide cu planuri
planurile avortate de timp...
Vor veni zile
în care vom fredona
uitarea
pe portativul creierelor,
în care vom plânge
după pişcoturile noastre
când vom gusta
din şampania altora.
Vor veni zile
în care ne vom privi
în oglinda cerului
– eu de aici,
tu de acolo –
când eu voi fi alfa sfârşitului tău
iar tu omega începutului meu
când vom fi doi...
doi separaţi
doar pentru că timpul trece
prin mijlocul nostru.

**NOTICE**

The language of the closed eyelids
and the lips askew
has been legalized in the state of the dazed
by alcohol
or lack of sleep.

## MESAJ

Limba pleoapelor închise
şi a buzelor strâmbe
s-a oficializat în ţara morţilor
de beţi
sau de somn.

## NEVER

Angels don't have to take out the trash
because they don't do filthy deeds.

## NICIODATĂ

Îngerii nu duc niciodată gunoiul
pentru că ei nu fac mizerii.

## BREAK TIME

I've attached myself to you
like a bobby pin to a strand of hair,
and when I jingle
my thoughts
in your face
like bells,
you get me into the break
too soon.

# ÎN PAUZĂ

M-am agăţat de tine
precum agrafa în păr,
iar când îmi scutur
gândurile
în faţa ta
precum un clopoţel
tu mă trimiţi în pauză
înainte de vreme.

## QUESTION

'How is your life?',
my mother asked me.
'It's stumbling through the crowd
and seeking rest dropped to knees',
I confessed.
'I've glimpsed it for a moment,'
she assured me,
'the olive trees were smiling on it.'

## ÎNTREBARE

„Care-i viaţa ta?”,
m-a întrebat mama.
„Cea care şchiopătează prin mulţime
şi caută odihnă în genunchi”,
i-am răspuns eu.
„O văd”,
îmi zise mama.
„Măslinii îi zâmbesc”.

## DIVINE HELP

The words shake me off themselves.
After I showered them with tears,
they ignore my sigh;
shivering, they retire
to the silences' dressing room.
Help! Help me!
Guardian angel,
I need something.
Arms!
More arms!
Help me grow at least six,
so I can clasp them all in one last embrace.
The angel remains silent…
while wrapping in a towel
and drying the words'
feet.

## AJUTOR DIVIN

Cuvintele se scutură de mine.
După duşul cu lacrimi
îmi ignoră suspinul
şi se retrag zgribulite
la vestiarul tăcerilor.
Ajutor! Ajutor!
Am nevoie de ceva,
înger păzitor.
Vreau mâini!
Mai multe mâini!
Vreau să-mi crească măcar şase
pentru o ultimă îmbrăţişare a tuturor.
Îngerul tace...
Cu prosopul în mâini
şterge cuvintele
la picioare.

## STORM

A cloud knocks with another,
though it's not Easter,
and cracks appear
on the sky like the shell of an egg
between the hopes
embarked upon this realm.

# FURTUNĂ

Norii se ciocnesc
și nu e Paști,
iar cerurile se crapă
ca o coajă de ou
printre speranțele îmbarcate
spre acest tărâm.

## EVENING STORIES

I share a drink with the flowers,
clink my glass against their vases,
and swap stories with them about dreams.
I dream myself in the garden,
they dream themselves in mine.
I account myself a flower,
they account me green.
I fancy nostalgia,
they fancy chlorophyll
and light in my eyes.
I open another chilled bottle,
and serve water
to each of them.
'It's too cold,'
cries one,
'it makes my leaves hurt,
and my flowers grow yellow.'
I caress her roots,
and talk her about a dentist called a gardener,
while they talk to me about their rights,
abuse, and friends fated to live in vases.

## POVEŞTI DE SEARĂ

Beau cu florile,
ciocnesc cu vazele
şi povestesc despre visuri.
Eu mă visez în grădină,
ele în grădina mea.
Eu mă privesc floare,
ele mă privesc verde.
Eu îmi doresc nostalgie,
ele clorofila
cu lumina în ochii mei.
Mai deschid o apă rece
şi le servesc
pe rând,
dar una ţipă:
„E prea rece,
mă dor frunzele
şi-mi vor îngălbeni florile."
O mângâi pe rădăcină
şi-i povestesc despre dentistul cu nume de grădinar
în timp ce ele-mi militează despre drepturile lor,
despre abuz şi soarta prietenelor din vaze.

# THE BURIALS' BRIDE

Our beginnings and ends
hold something of the joy of birth,
the sadness of death,
with the blessing that is being able to live one's
light and dark,
sky and earth,
tears and smiles,
all that is provided
by God's grace.
In the repetitiousness of the stories,
we – alone – put together
in the mornings
the souls' wardrobe.
I change the fashion of the moment.
From today on,
I shall be the bride present
at my loves' burials.

## MIREASA ÎNMORMÂNTĂRILOR

Începuturile şi sfârşiturile noastre
poartă cu ele ceva din bucuria naşterii,
tristeţea morţii,
cu binecuvântarea de a-ţi putea trăi
lumina şi întunericul,
cerul şi pământul,
lacrimile şi zâmbetele,
toate cele
primite din mila Lui.
În repetivitatea poveştilor
alegem singuri
dimineaţa
garderoba sufletelor.
Schimb moda vremurilor.
De azi
sunt mireasa prezentă
la înmormântarea iubirilor mele.

Alina Celia Cumpan

## AMNESIC SILENCE

Were we to wake
without voice or memories,
we would hurt less,
we would see the end of the regret
of the shadows
now present, now absent
in the game of blind man's buff.

## TĂCERE AMNEZICĂ

Dacă ne-am trezi
fără voce şi amintiri
am răni mai puţin
şi n-ar mai exista regretul
umbrelor
prezente sau absente
în jocul de-a baba oarba.

## EFFACE

Efface me from your life
with the eraser of time,
the radiation of oblivion,
irradiating tears,
radicals of uncertainties,
rations of longings,
rising of the moon...
From your life, efface me
with another effaced life.

## ŞTERGE

Şterge-mă din viaţa ta
cu radiera timpului,
radiaţia uitării,
iradiaţii de lacrimi,
radicali de incertitudini,
raţii de dor,
răsărit de lună...
Şterge-mă din viaţa ta
cu o altă viaţă ştearsă.

.

## VERTICAL TIME

Nowhere does time take two steps back
when the candle of patience consumes itself
and the keys of hope are lost.

## TIMPUL VERTICAL

Nicăieri timpul nu face doi paşi înapoi
când lumânarea răbdării de consumă
şi cheile speranţei s-au pierdut.

## WISTFULNESS

We utter major sighs
on the stave unequally shared
between us,…
where we've never had the chance
to invite the treble clef
to dinner,
and the solitudes have not brought
quietude also.
We force some minor smiles,
without C's or common desires,
without roots or stars.
How wistful I am around you…
about me,
about my God, with whom
I've long since held converse
aloud.

# DOR

Oftăm major
pe portativul ce-l împărţim
inegal...
unde n-am avut şansa
de-a invita cheia sol
la cină,
iar pustiul
nu aduce şi liniştea.
Zâmbim minor
fără DO-uri şi dorinţe comune,
fără rădăcini şi stele.
Mi-e dor în preajma ta...
Mi-e dor de mine
şi de Dumnezeul meu
cu care n-am mai povestit
cu voce tare.

## BIRTH UNDER BIS

I was born in the land of wonders,
although I don't bear the name Alice.
I was propped by twenty fingers,
but burgeoned in dozens of hearts.
I learned the days of the week
without the need of lessons,...
the adding and subtracting, lesson by lesson.
I didn't edit the sequence of the seasons,
and I failed the clouds accounting exam.
I didn't call the police
when the neighbor projected pains
with the volume pumped up loud,
but I did call upon forgiveness
each time I restored
the emotions.
Distanced from my land of wonders,
I rewrite the story
through the midst of
the clouds, letters and suffering.
Through lessons for hearts and fingers,
I know I shall be born
again.

## NAŞTEREA SUB BIS

M-am născut în ţara minunilor,
dar nu mă cheamă Alice.
M-au susţinut douăzeci de degete,
dar am crescut în zeci de inimi.
Am învăţat zilele săptămânii fără lecţii...
adunarea şi scăderea cu fiecare lecţie.
N-am editat succesiunea anotimpurilor
şi am picat examenul
la contabilitatea norilor.
Nu am chemat poliţia
când vecinul proiecta dureri
cu volumul la maxim,
dar am invocat iertarea,
ori de câte ori am restaurat
sentimentele.
Departe de ţara minunilor
mele
rescriu povestea
printre nori, litere şi durere.
În lecţii pentru inimi şi degete
ştiu c-am să mă nasc
din nou.

## THE FIRST SPRING

There's a fragrance of seasons
tangled-up in the air,
of clouds decomposed by sun,
and families that gather,
of fixed hours,
and jam.
These are no fasting days for many a bee,
there's a carnival on the streets
of butterflies flying free,
and the first spring of tulips
that we together see.

## ÎNTÂIA PRIMĂVARĂ

Miroase a anotimpuri
încurcate,
a nori desfigurați de soare
și a casă,
miroase-a ore fixe
și dulceață.
Nu-i post pentru albine-n astă vreme,
e carnaval de fluturi
pe șosele
și-ntâia noastră primăvară
de lalele.

# THOUGHTS' CAMPAIGN

'We do democratic elections!'
'You're history!'
'We're fed up with sabotages!'
I could hear voices in the background.
Some coming from the right,
others coming from the left
asked for the independence of the territories.
From the right hemisphere,
a round of applause arose,
and then, silence…
The thoughts of the soul
have won the election.

## CAMPANIA GÂNDURILOR

„Facem alegeri democratice!",
„S-a terminat cu voi...",
„Ne-am săturat de sabotaje!",
auzeam voci pe fundal.
Unele din dreapta,
altele din stânga
cereau independenţa teritoriilor.
Din emisfera dreaptă
se aud aplauze
şi-apoi linişte...
Gândurile sufletului
au câştigat alegerile.

## THE GAME

We thought them played, our cards,
buy they are just now being played.
From beginning to end,
someone else is
playing them from the shadows.
God
is playing in the sky my cards
according how
I dealt them
to others.

## PARTIDA

Ne sunt jucate cărțile
ce le credeam a fi jucate.
Până la capăt
— la toate capetele noastre —
altul le joacă-n umbră.

Dumnezeu
îmi joacă cărțile din ceruri
după cum am știut
să le împart eu
altora.

## THE LAST CANDLE

'I don't have time for us',
he said.
'I loan you all I have
until the last candle burns out',
she offered,
hoping
he'll hold it for her in his hands.

## ULTIMA LUMÂNARE

„N-am timp pentru noi",
zice el.
„Te împrumut cu tot ce am
până la capătul ultimei lumânări",
spuse ea,
sperând
că el i-o va ține în mână.

## WHO'S AFRAID?

'Who's afraid of death?'
I'm not,'
said the sky
'for I live without it.'
I'm not,'
said the earth
'in me you lay to rest your lives.'

## CINE SE TEME?

„Cine se teme de moarte?
Eu nu,"
zice cerul,
„că trăiesc fără de ea".
„Eu nu,"
zice pământul,
„în mine mor trăirile voastre."

## OPTION

He who seeks the Light
will sift the stars through
the sieve of the clouds
to reach it.

## VARIANTĂ

Cine caută Lumina
va cerne stelele
prin sita norilor
pentru a o afla.

## ABSENT LOVE

I look after you
with only five of my fingers
while I let the love
from under my nails
sleep there awhile
in the hopes that it will grow.
I raise my right hand
and cover with it the regret
born
askew
on your lips
this morning.
The fight commences…
I throw at you
a fistful of smiles,
and another one of beautiful words
that leave you down on the ground,
prostrated with shame.
From my arm,
you drop or pull
leave or take
dreams.

Sometimes, your shoulder comforts
at nights
my wistfulness over that sky
I could freely see
without visa,
and over the forbidden land
of mine.
The sole of your foot spreads the caress
onto the ground
like grandma used to
spread the jam onto the bread.
We move forward towards
the dream sought by many.
Holding two holy books
under our sinful arms,
carrying a senseless hope,
we move forward
towards a realm
much more than towards love.
But let us at least
paint a picture of it,
while walking along our two paths
that converged into one life.

## IUBIREA ABSENTĂ

Te păzesc
doar cu cinci degete
în timp ce iubirea
de sub unghii
doarme
ca să crească mare.
Palma mea dreaptă
ți-a acoperit regretul
născut
pe buze,
strâmb,
de dimineață.
Începe lupta...
După un pumn
de zâmbete,
altul de vorbe frumoase,
te prăvălesc în pământ
de rușine.
De pe brațul meu
arunci sau culegi
duci sau lași
visuri.

Uneori umărul tău mă alină
seara
de dorul cerului
ce-l pot vedea
fără viză
şi a pământului meu
interzis.
Talpa-ţi întinde mângâierea
pe pământ
cum întindea muma
gemul pe pâine.
Facem paşi
spre visul căutat de mulţi.
Cu două cărţi sfinte
sub braţele noastre păcătoase,
cu speranţa leşinată pe braţe
facem paşi
mai mult spre un tărâm
decât spre o iubire.
Dar hai...
Hai să o pictăm măcar
în drumul nostru
în doi pe drum.

## RUSHED SEARCH

When I'm not rushing around,
thoughts are rushing
through me.
To get where?
What is it they're after?
The expiry date
of my dreams.

## CĂUTARE ÎN FUGĂ

Când nu sunt în fugă,
fug gândurile
prin mine.
După ce?
Ce caută?
Data de expirare
a visurilor mele.

## UNSETTLED WEATHER

Today, the rain
lost its balance
and fell head over heels,
in drops twisted with pain.
I was out for a walk,
my wallet full of dreams on me,
searching for the poise
amongst the winds.
Missing someone,
not just anyone.

## STARE DE PLOAIE

Azi a plouat
strâmb
cu stropi îndoiţi de spate
şi durere.
Mă plimbam în voie
cu visurile în portofel.
Căutam echilibrul
printre vânturi.
Simţeam lipsa cuiva
dar nu a oricui.

# I DREAM

I dream houses without corners,
roads without ends,
joys without bounds,
countries without borders.
I dream eternity,
and luck-bringing shards.

## VISEZ

Visez case fără colţuri,
drumuri fără capete,
bucurii fără margini,
state fără graniţe.
Visez eternitate
şi cioburi de noroc.

## IF

If corners were joyous,
children's time-outs
would turn to
flights towards the sun,
and storms of butterflies.
If earth were a triangle
with equal sides,
the wars for the justice of rights
would come to an end.
If youth were everlasting,
and life would not perish,
we would return home,
all us exiles.

# DACĂ

Dacă colțurile ar putea fi vesele
pedepsele copiilor
s-ar transforma
în zboruri spre soare
și furtuni de fluturi.
Dacă pământul ar fi triunghi
echilateral
n-ar mai exista războaie
pentru drepturi egale.
Dacă tinerețea ar fi fără bătrânețe
și viața fără de moarte
ne-am întoarce cu toții acasă
din exil.

## MY GIFT

We share the not enoughs, tears,
ailments, the pillow under our head,
the stars up in the sky or fated to,
for now and all times, lay abed.

Our fingers in the darkness grope
to find the skin, what touch insane!,
as then when we were past remembering
all care, all concern, all pain.

A brume settling over me he is,
a beauty one can't quite believe,
a stained glass window at all brittle,
my DNA of which I was bereaved.

# HARUL MEU

Ne împărţim aceeaşi pernă
cu tot ce n-avem de ajuns
cer, lacrimi, boli şi multe stele
cu răsărit şi cu apus.

Ne mângâiem pe bâjbâite
ca şi atunci când am uitat
ce-nseamnă să fii fără grijă
să n-ai nici rosturi, nici oftat.

El e o ceaţă peste mine,
rudă cu Făt-Frumos din basm,
e un vitraliu incasabil
şi ADN-ul meu furat.

# NATURE OF MINE

How I would like to be
less Human a nature,
to not share
my nightly crosses
with them who are unworthy,
to not light
candles
for them who don't believe,
to not kneel in front of
every altar
in the world.
But if I shut my ears
to these calls,
she who never
keeps pace with me,
chased by the sun,
she shall mechanically
open them
to the purity
of the subconscious.

## NATURA MEA

Aş vrea să fiu mai puţin
Om,
să nu-mi împart crucile
de seară
cu cine nu le merită,
să nu aprind lumânări
pentru cei ce nu cred
în ele,
să nu mă plec
în genunchi
în faţa tuturor
altarelor lumii,
dar de eu voi refuza
toate astea
cea care nu merge niciodată
la pas cu mine
fugărită de soare
le va face mecanic
în subconştientul
pur.

## FUTILE TROUBLE

Why is it I have to scold time?
Why is it I have to trouble liberty?
Why is it I have to fight the shadows in my mirror?
When the leaves all have their time and soil,
When the roots all have their story,
although not all the stories have roots.
You caused me to think of
the lives of all that were brought home
from the shelves of the second-hand bookshops.
I made peace with my thoughts,
with the gusts of wind,
and the shadows of the future.
Today I want to witness the time of the leaves
hung on the walls of the tree
forevermore.
I want to be the vibration of the rooted story,
the liberty of the abandoned souls,
and of the mirrors with no shadows.
Today I want wings of peace,
the world through my fingers,
and the dreams not wearing shoes.
Today I want to taste
the grape of spiritual freedom
with all humankind
beneath the tree of good thoughts.
Only this day is today's special time.
Enjoy it!

## ZBUCIUM INUTIL

De ce trebuie să cert timpul?
De ce trebuie să zbucium libertatea?
De ce trebuie să lupt cu umbrele din oglinda mea?
Când toate frunzele îşi au timpul şi pământul lor,
când toate rădăcinile au o poveste,
chiar dacă nu toate poveştile au rădăcini.
M-ai făcut să mă gândesc
la vieţile tuturor aduşi acasă
de pe rafturile anticariatelor.
Am făcut pace cu gândurile mele,
cu bătaia vântului
şi cu umbrele viitorului.
Azi vreau să fie timpul frunzelor
agăţate de pereţii copacului
pentru eternitate.
Aş vrea să fiu vibraţia poveştii înrădăcinate,
libertatea sufletelor părăsite
şi a oglinzilor fără umbre.
Azi vreau aripi de pace,
lumea printre degetele mele
şi visurile fără pantofi.
Azi vreau să gust
din strugurele de libertate spirituală
cu toată omenirea
sub copacul gândurilor bune.
Doar azi e timpul special pentru azi.
Bucură-te de ziua ta!

## WITHIN BORDERS

How can I know
into what language to translate my feelings
to make them understandable to me?
Today is a day of thankful thoughts
for all our weaknesses,
a day of gratitude
for the gift of love
I made succumb through confusion,
a day of elections
for my erroneous decisions,
a day of giving
in which you may have the loan of my forgivings
for not plucking up the courage
to give reality to my dreams.
Today's when all begins and ends,
with us endeavoring
to gain emotional freedom.
Go where you will, but when you leave,
as you take happiness back from me,
don't take away unhappiness also.

## PRINTRE GRANIȚE

În ce limbi
mi-aș putea traduce sentimentele
pentru a mi le putea înțelege?
Azi e ziua mulțumirilor
pentru toate slăbiciunile noastre,
ziua recunoștinței
pentru cadoul iubirii
pe care am ucis-o prin confuzie,
e ziua alegerilor
pentru deciziile mele greșite,
e ziua dăruirii
în care îți împrumut toate iertările
pentru lipsa de curaj
în a-mi transforma visurile în realitate.
Azi e începutul și sfârșitul nostru
într-un ultim efort
al eliberărilor emoționale.
Nu contează unde pleci,
dar, când îmi iei fericirea,
nu lua și nefericirea cu tine.

Made in the USA
San Bernardino, CA
17 December 2016